LE DÉCHIFFREMENT

DES

INSCRIPTIONS CUNÉIFORMES

PAR

CH. BRUSTON

PARIS

SANDOZ ET FISCHBACHER, ÉDITEURS

33, RUE DE SEINE ET RUE DES SAINTS-PÈRES, 33

1873

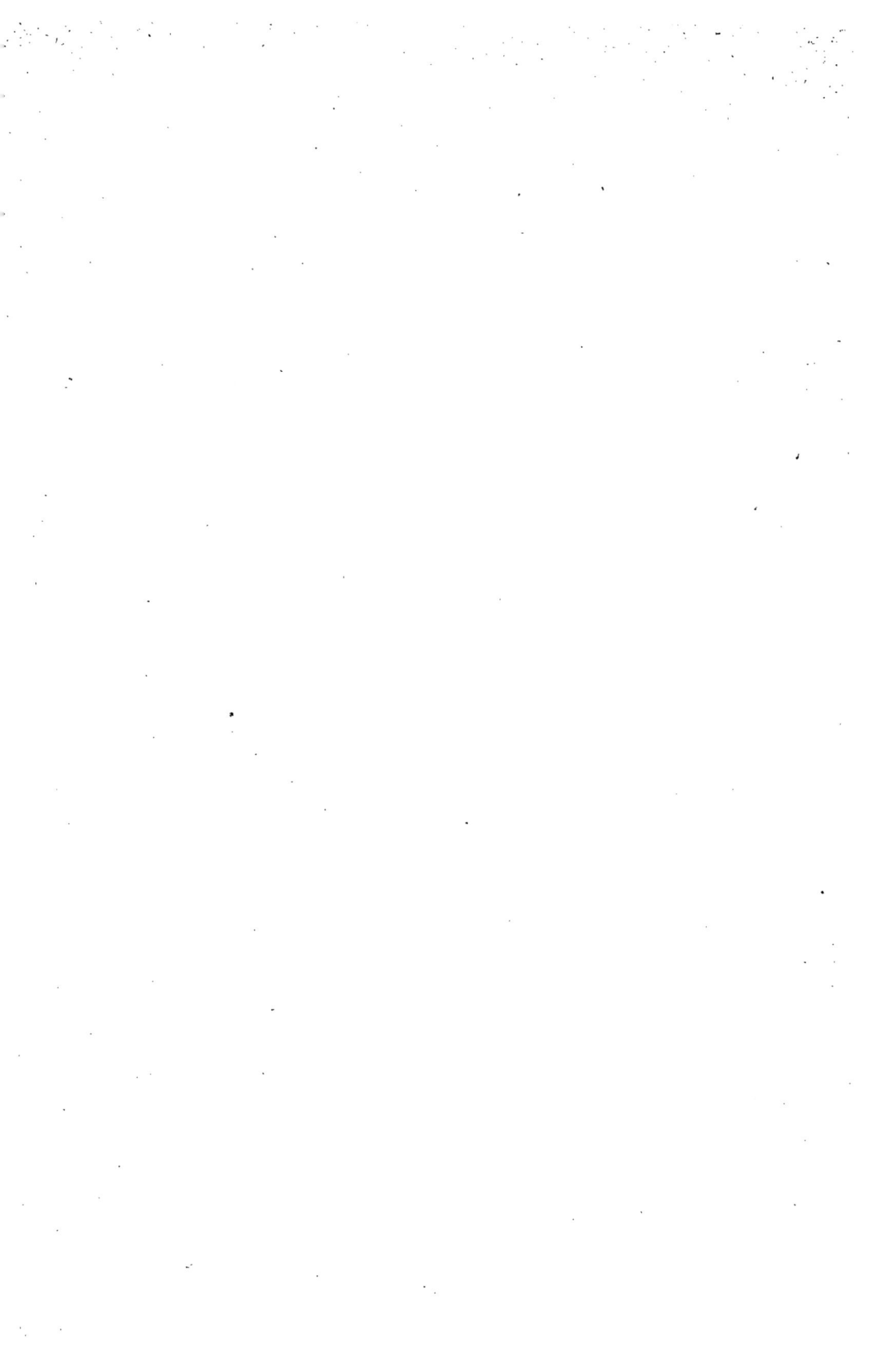

LE DÉCHIFFREMENT

DES

INSCRIPTIONS CUNÉIFORMES

———

Le monde savant a été vivement ému, à la fin de l'année 1872, par la découverte d'un récit du déluge, dont M. George Smith, employé du *British Museum*, a trouvé et interprété des fragments assez étendus, gravés sur des briques provenant des fouilles de Ninive. Ce récit offre, avec quelques légères divergences, de telles ressemblances avec celui de la Genèse, que le public religieux s'y est au moins aussi vivement intéressé que les savants.

Une somme importante fut immédiatement mise à la disposition de M. G. Smith, par la direction d'un grand journal anglais, pour lui permettre d'aller en Assyrie chercher et, nous l'espérons bien, retrouver au moins quelques uns des fragments qui lui manquent pour reconstituer dans son intégrité cet antique document (1). On savait bien, il est vrai, depuis longtemps, par les extraits de l'historien chaldéen Bérose, qui sont parvenus jusqu'à nous dans les écrits des auteurs anciens, qu'une tradition du déluge, assez semblable à celle de l'Ecriture sainte, s'était conservée parmi les populations des bords du Tigre et de l'Euphrate. Mais il n'est pas moins intéressant pour nous d'en posséder maintenant le récit dans sa forme originale.

Nous ne serions pas étonné cependant que quelques uns de nos lecteurs eussent accueilli cette nouvelle avec une certaine défiance, peut-être même avec une incrédulité complète. Il n'y a pas déjà si longtemps qu'un

---

(1) Depuis que ces pages ont été écrites, M. G. Smith est revenu de son voyage, rapportant, dit-on, un grand nombre d'inscriptions nouvelles, dont plusieurs datent de mille à treize cents ans avant notre ère.

membre de l'Institut, le célèbre auteur de l'*Histoire des langues sémitiques*, M. Renan lui-même, traitait le déchiffrement des inscriptions cunéiformes de chimère et d'illusion; et, il faut bien l'avouer, les difficultés, les bizarreries de cette étrange écriture sont si nombreuses et de telle nature, que l'on comprend jusqu'à un certain point la défaveur dont ces études ont été jusqu'ici l'objet. Je voudrais essayer de dissiper ces préventions injustes ou du moins excessives, et montrer que, si les monuments de Ninive et de Babylone offrent encore de très-grandes obscurités, leur interprétation repose cependant sur des bases certaines et dont il est impossible de contester sérieusement la solidité. Pour cela, il est nécessaire de remonter jusqu'au déchiffrement des inscriptions perses, qui ont donné la clef des inscriptions assyriennes.

I

Dans la partie méridionale de la Perse, non loin de la ville de Shiraz, s'étendent au pied d'un rocher à pic les ruines majestueuses de Persépolis. Cette vaste et splendide capitale, que les successeurs de Cyrus avaient ornée de temples et de palais magnifiques, fut, on le sait, incendiée dans une nuit de débauche par Alexandre le Grand, ou plutôt par une courtisane. Aujourd'hui, un petit village nommé Istakhar, s'élève seul sur l'emplacement de la puissante cité, dont il ne reste plus que trois palais ruinés. Mais ces palais sont un des plus beaux spécimens de l'architecture ancienne. De vastes portiques dont l'entrée est ornée par des statues colossales de quadrupèdes ailés ou de taureaux aux ailes d'aigle et à tête humaine, des rangées d'élégantes colonnes cannelées, de larges terrasses, des escaliers, des rampes, des murs couverts de bas-reliefs, représentant le plus souvent des sujets guerriers, de grandes salles carrées, des portes, des fenêtres sculptées, dont un grand nombre sont dans un parfait état de conservation, témoignent encore de la splendeur primitive de ces monuments. Les sculptures, en particulier, se distinguent par une grande pureté de dessin. Ici c'est un roi, reconnaissable à sa haute taille, qui s'avance, une longue canne dans une main, une fleur dans l'autre, tandis que deux serviteurs élèvent au-dessus de sa tête le parasol et le chasse-mouches. On sait aujourd'hui que ce roi est Xerxès, l'Assuérus de la Bible et le vaincu de Salamine. Ailleurs, un autre roi, sous un dais, est assis sur son trône, qui a la forme d'une chaise sculptée et à dossier ; ses pieds reposent sur un tabouret ; c'est Darius, le père de Xerxès, le vaincu de Marathon. Il est entouré de ses gardes, armés de lances, de carquois et de boucliers. Ici, l'on voit la figure ailée passée dans un disque, qui, à Persépolis comme dans toute la haute Asie, est l'emblème de la Divinité. Plus loin, c'est la lutte probablement allégorique d'un roi ou d'un dieu contre un monstre horrible, qui a une corne sur le front, des griffes de lion, des serres d'aigle, une queue de scorpion et un corps de taureau. D'une main le héros le saisit par la corne, tandis que de l'autre il lui enfonce un poignard dans le flanc ; parfois il l'étouffe entre ses bras. Ailleurs, c'est un taureau qui essaye en vain de se soustraire à l'étreinte puissante d'un énorme lion qui l'a saisi dans ses griffes et lui dévore la croupe...

Mais ce qui n'est pas moins remarquable que les sculptures, ce sont les inscriptions qui les accompagnent. Les unes sont placées au-dessus des taureaux; les autres, autour des portes et des fenêtres. Elles sont gravées en gros caractères faits en forme de *coin* (c'est pour cela qu'on les appelle *cunéiformes*) et qui ne ressemblent à aucune écriture connue.

Des inscriptions semblables se trouvent encore à Naksh-i-Roustam, entre Shiraz et Ispahan, sur un caveau funéraire taillé dans le roc, et dont l'entrée est ornée de bas-reliefs, de chapiteaux et de colonnes dans le genre de ceux de Persépolis; on en voit aussi à Suse, dans la plaine de Mourgab sur l'emplacement de l'antique Pasargade fondée par Cyrus, près de Hamadan et sur les bords du lac de Vân en Arménie. Mais l'inscription la plus longue et la plus importante est gravée sur les rochers du mont Bisitoun ou Béhistoun, près de Kirmanshah; nous aurons à y revenir bientôt.

Les ruines et les inscriptions de Persépolis ne commencèrent à attirer l'attention des Européens qu'au dix-septième siècle. Deux voyageurs qui visitèrent presque en même temps la Perse, l'Espagnol dom Garcias de Sylva de Figuëroa, et le gentilhomme romain Pietro della Valle en donnèrent des descriptions détaillées. Ce dernier soupçonna même que ces caractères étranges devaient se lire, comme les nôtres, de gauche à droite, parce que la pointe du coin est toujours tournée vers la droite; les recherches ultérieures ont confirmé cette opinion.

Environ cinquante ans plus tard, le célèbre voyageur Chardin publia dans la relation de son *Voyage en Perse*, quelques inscriptions qu'il avait lui-même copiées à Persépolis. Il repousse l'opinion de ceux qui ne voyaient dans ces caractères que « de purs hiéroglyphes; » il affirme que c'est bien « une véritable écriture comme la nôtre. » Mais, ajoute-t-il, « c'est là tout ce que l'on peut savoir de cette écriture; il faut en ignorer pour jamais le reste. »

Dans la première moitié du dix-huitième siècle, d'autres voyageurs rapportèrent de Persépolis et publièrent de nouvelles inscriptions, mais ne firent pas avancer la question du déchiffrement. Le voyageur danois Niebuhr, qui visita les ruines de cette antique cité en 1765, fit, le premier, une observation importante pour l'intelligence de ces monuments. En copiant les inscriptions, il remarqua que la même série de caractères se reproduisait plusieurs fois, et que deux caractères qui dans un des textes se trouvaient à la fin de la ligne à droite, commençaient dans un autre la ligne suivante à gauche. Il était donc évident que c'était bien là une écriture, et qu'elle était dirigée comme la nôtre de gauche à droite. — Niebuhr fit une autre observation d'une portée plus grande encore: il remarqua qu'il y avait en réalité trois espèces d'inscriptions cunéiformes. Dans la première les lignes sont plus longues, les combinaisons plus simples et moins nombreuses, et les groupes de caractères sont séparés à intervalles inégaux, mais fréquents, par un clou en diagonale. Dans les deux autres systèmes, les lignes sont plus courtes, les combinaisons beaucoup plus compliquées et plus nombreuses, et le clou en diagonale a disparu. Ces trois systèmes se retrouvent toujours dans le même ordre de gauche à droite ou de haut en bas. Mais par une erreur que l'on a peine à comprendre aujourd'hui, Niebuhr ne soupçonna pas qu'ils pussent représenter trois langues différentes; il supposa que c'était le même texte et la même langue, écrits avec trois alphabets différents. Quoi qu'il en soit, comprenant que s'il y avait quelque chance de déchiffrer ces inscriptions, c'était en s'attaquant d'abord au système le plus simple, il fit une liste des divers caractères qui s'y rencontraient; il en compta ainsi quarante-deux. — Quelque temps après, un orientaliste allemand soupçonna, avec raison, que le clou en diagonale n'était autre chose que l'indice de la séparation des mots.

Tout faisait supposer que les inscriptions de la première espèce étaient conçues dans la langue des fondateurs de Persépolis, laquelle devait se rapprocher du zend et du sanscrit. Mais comment parvenir à retrouver la valeur de ces caractères inconnus? Si l'on avait possédé un document en deux langues dont l'une eût été connue, la question aurait été bien simplifiée. Mais rien! on se trouvait en face de trois textes tous plus obscurs les uns que les autres. Aussi, je ne crains pas de le dire, le déchiffrement des inscriptions cunéiformes est plus étonnant que celui des hiéroglyphes égyptiens eux-mêmes. Car pour ceux-ci, la traduction grecque de la pierre de Rosette fournit à Champollion la première base du déchiffrement; et encore, sans les *cartouches* qui distinguent les noms royaux, qui sait si les anciens monuments de l'Egypte ne garderaient pas encore leur secret? Mais un pareil point d'appui manquait complétement aux premiers investigateurs des inscriptions cunéiformes.

Pour comprendre le sens d'un texte, il faut connaître deux choses : la langue dans laquelle il est conçu, et l'alphabet dont on s'est servi pour l'écrire. On pourrait peut-être à la rigueur se passer de l'un de ces éléments, et retrouver soit l'alphabet au moyen d'une connaissance suffisante de la langue, soit la langue au moyen de l'alphabet. Mais ici où les deux éléments sont également inconnus, comment la recherche pourrait-elle aboutir?

Et pourtant, elle a abouti. Il y avait là, si je puis m'exprimer ainsi, un *salto mortale*, qui a été accompli par une audace sublime, on pourrait presque dire par un acte de foi.

Cet honneur revient à un professeur de Gœttingue, à Georges Frédéric Grotefend. Un de ces hasards heureux qui ne se présentent qu'aux hommes de génie, parce que seuls ils savent en profiter, vint le mettre sur la voie de cette grande découverte. Parmi les inscriptions copiées par Niebuhr à Persépolis, il s'en trouvait deux à peu près identiques. En les examinant soigneusement, Grotefend, qui était persuadé que le clou

oblique marquait la séparation des mots, s'aperçut que le même mot y
était souvent répété. Quel pouvait être ce mot? Grotefend supposa qu'il
devait signifier *roi*. Ce n'était qu'une conjecture sans doute; mais elle
n'était pas dénuée de vraisemblance, pour qui se rappelle la pompe et
l'emphase avec laquelle les monarques d'Orient énumèrent leurs titres.
Deux considérations donnaient d'ailleurs à cette hypothèse une grande
vraisemblance. D'abord, les inscriptions sassanides de Persépolis, évi-
demment plus récentes que les textes cunéiformes, et interprétées peu
de temps auparavant par notre savant compatriote Silvestre de Sacy, offraient la même répétition du mot *roi*. Ensuite, ce mot était répété deux
fois consécutivement dans les textes cunéiformes, et la seconde fois avec
une terminaison qui devait sans doute marquer un pluriel; on ne pouvait donc guère y voir autre chose que la célèbre qualification de *roi des
rois*, qui se lisait aussi dans les inscriptions sassanides, et qui s'est conservée jusqu'à nos jours dans les usages de la chancellerie persane. Mais
l'identité des deux textes n'était pas complète. Dans l'un, le mot *roi* était
précédé d'un groupe que nous nommerons A, dans l'autre, au contraire,
d'un groupe différent que nous nommerons B. Cette première différence
se trouvait au commencement; il y en avait une autre au milieu.
Dans la première inscription, qui portait au début: « A, roi, » on
voyait plus loin: « B, roi. » Mais dans l'autre, qui portait au début :
« B, roi, » se trouvait à la même place un groupe inconnu que nous
nommerons C.

Or, ce dernier groupe n'était pas suivi, comme les autres, du mot qui,
d'après Grotefend, devait signifier *roi*. L'ingénieux savant conclut de cette
double différence, qu'il avait devant les yeux une généalogie, que le
roi A était fils du roi B, et que le roi B était fils d'un certain C qui n'avait
pas régné; B était donc le fondateur d'une dynastie. De plus, ce devait
être un roi perse. Quels sont les rois perses qui ont fondé des dynasties?
Il n'y en a que deux: Cyrus et Darius, fils d'Hystaspe. B serait-il donc
Cyrus? La longueur du mot ne semblait pas le permettre. Mais il y avait
une raison bien plus décisive pour repousser cette assimilation: le père
et le fils de Cyrus se nommaient également Cambyse; si B avait été Cyrus,
A et C auraient donc été identiques, ce qui n'était pas. Puisque B n'était
pas Cyrus, ce ne pouvait être que Darius, C son père Hystaspe, et A son
fils Xerxès. Comparant les formes grecques, hébraïques, zendes et per-
sanes de ces différents noms, Grotefend se mit à les épeler hardiment:
Daryvoush, Vishtasp, Khshyarsha. Sur les treize lettres qui les composent
il ne commit qu'une seule erreur, que nous avons rectifiée dans la trans-
cription.

La confirmation de cette magnifique découverte se fit assez longtemps
attendre, mais elle fut décisive. C'était au commencement du siècle que
Grotefend avait eu cette heureuse inspiration. Quelques années plus
tard, Champollion préludait à ces belles études sur les hiéroglyphes, qui

ont immortalisé son nom. Le Musée égyptien de Paris possède un vase qui présente deux inscriptions, l'une en hiéroglyphes, l'autre en caractères cunéiformes. Champollion lut la première *Xerxès;* la seconde était identique au groupe A de Grotefend.

Au moyen des treize lettres qu'il avait découvertes, Grotefend ne put naturellement lire en entier aucune des inscriptions qu'il avait sous les yeux. Mais il se convainquit du moins que la langue dans laquelle elles étaient conçues devait être, non pas identique, mais très-analogue à celle du Zend-Avesta. Les découvertes ultérieures ont pleinement confirmé la conjecture du savant hanovrien.

Plus de vingt ans se passèrent sans faire avancer la question d'un seul pas. Aujourd'hui que les inscriptions de la première espèce sont lues et déchiffrées, nous avons peine à comprendre comment Grotefend, qui avait soupçonné le caractère indo-germanique de l'ancien perse, n'a pas entrevu aussitôt la conséquence que le Norvégien Rask devait en tirer si longtemps après. En effet, des deux mots juxtaposés qui, d'après Grotefend, signifiaient *roi des rois*, le second avait une terminaison qu'il était facile de détacher de la racine, et dans laquelle il était bien naturel de voir un génitif pluriel formé selon l'analogie du sanscrit et du zend, c'est-à-dire en *anam*. C'est ce que comprit, le premier, l'érudit de Norvége; il découvrit ainsi deux lettres nouvelles de cet antique alphabet, l'M et l'N, au moyen desquelles il put compléter la lecture du nom patronymique des Achéménides et de celui du dieu des Perses, Ormuzd, dont la véritable forme est Ahoura-Mazda.

Vers la même époque, Eugène Burnouf reprenait sur les livres de Zoroastre les études interrompues par la mort d'Anquetil-Duperron, et reconstituait presque de toutes pièces l'antique langue de l'Iran. Plus que nul autre, sa connaissance approfondie de la grammaire et du vocabulaire zends le rendait propre à entreprendre avec succès le déchiffrement des inscriptions des rois achéménides. M. Lassen, professeur à l'université de Bonn, et bien connu aujourd'hui dans le monde savant par son grand ouvrage sur les « Antiquités indiennes, » poursuivait de son côté des recherches analogues. Presque en même temps, l'un sur le Rhin, l'autre sur la Seine, ils déterminèrent par des combinaisons ingénieuses la valeur de quelques nouvelles lettres. Par exemple, à côté d'un groupe que les résultats acquis permettaient de lire sans hésitation *Mâd*, et dans lequel il était impossible de méconnaître la Médie, se trouvait un autre groupe, dont la première lettre était seule inconnue, et dont les autres se lisaient *âkhtris*; on vit naturellement un B dans le signe jusqu'alors indéterminé, et dans ce nouveau nom (Bâkhtris) une autre province de l'empire perse, la Bactriane. Des inductions de même nature et d'autres plus savantes, empruntées à la philologie comparée des langues indo-européennes, permirent bientôt de compléter l'alphabet avec assez de certitude pour que M. Lassen pût essayer, dès

*

1836, de traduire les inscriptions de la première espèce, au moyen de la comparaison du sanscrit, du zend et du persan moderne.

On conçoit les difficultés d'un pareil travail, elles étaient considérables, — mais on en comprend aussi la possibilité. Supposons qu'on découvre un vieux texte italien, du septième ou du huitième siècle, il est certain qu'avec de la persévérance, une personne qui connaîtrait bien le latin et les langues modernes qui en sont issues, parviendrait à s'en rendre compte. Les formes se rapprocheraient tantôt du latin classique, tantôt du langage actuel de l'Italie, et s'expliqueraient tantôt comme archaïques, tantôt au contraire, comme dérivées. Eh bien, l'ancien perse est, avec la langue des Védas et du Zend-Avesta d'un côté, avec le persan moderne de l'autre, à peu près dans le même rapport que le vieux italien avec le latin et l'italien moderne.

Toutefois, à cette époque, les textes connus étaient encore trop peu nombreux, et présentaient des formules trop peu variées, pour asseoir le déchiffrement sur des bases suffisamment larges et solides. Par leur brièveté ils ne paraissaient pas non plus devoir fournir à l'histoire des renseignements ni très-intéressants ni très-complets. C'est alors que l'Anglais Henry Rawlinson découvrit et copia, au péril de sa vie, la grande inscription trilingue, gravée près de Bisoutoun (ou Bisitoun, l'ancienne Bagistana), à trois cents pieds au-dessus du sol, sur un rocher escarpé qui se dresse à une lieue, au nord de la ville de Kirmanshah, sur la frontière occidentale de la Perse, où demeurait le courageux et savant colonel. Jusque-là, il était peut-être permis de douter de la découverte de Grotefend, et de la prendre pour un jeu de l'imagination ; mais quand, au moyen de l'alphabet reconstitué en grande partie par ses travaux, on put lire cent vingt noms propres dont la plupart étaient déjà connus par les historiens anciens, quand on vit apparaître successivement les aïeux de Darius, *Arsâma, Ariyâramna, Tshispis, Hakhâmanis*, qu'Hérodote nomme dans le même ordre *Arsamès, Ariaramnès, Teispès, Achæménès*, quand le noms des deux rois qui l'avaient précédé sur le trône de la Perse purent se lire *Kamboujiya* et *Kouroush* (Cambyse et Cyrus), il fut impossible aux plus sceptiques de méconnaître plus longtemps qu'on eût entre les mains la véritable clef de cet antique alphabet.

L'inscription de Bisoutoun n'a pas seulement par son étendue une grande valeur philologique, elle est très-importante aussi au point de vue historique, puisqu'elle n'est rien moins que l'histoire du règne de Darius, fils d'Hystaspe, jusqu'à l'expédition contre la Grèce exclusivement. Le bas-relief autour duquel elle est gravée, représente ce roi, la taille haute, couronne en tête, la main gauche appuyée sur son arc, et la droite étendue avec un geste dominateur vers neuf personnages enchaînés par le cou et qui ont les mains liées derrière le dos. Du pied il en foule un dixième qui étend vers lui ses bras et semble demander grâce. Deux officiers de son palais sont derrière lui, l'un avec un arc, l'autre avec une lance. Au-dessus de cette scène plane la figure emblématique d'Ormuzd. Ce bas-relief n'est, pour ainsi dire, que l'illustration de l'inscription même, dont nous donnerons ici un rapide résumé.

Elle débute ainsi : « Je suis Darius, grand roi, roi des rois, fils d'Hystaspe, petit-fils d'Arsamès, Achéménide, roi des hommes, Perse, roi de Perse. » Après avoir donné sa généalogie et la liste des provinces dont il « devint roi par la protection d'Ormuzd, » Darius raconte comment il monta sur le trône de Cyrus et de Cambyse par le meurtre de *Gomatès* le Mage qui s'en était emparé, grâce à sa ressemblance avec un fils de Cyrus, et qui ne nous était connu jusqu'ici que sous le nom de Smerdis.

« Darius le grand roi dit : Un mage nommé Gomatès se révolta à Pissiachadia près de la montagne Arakadris, le 14e jour du XIIe mois. Il trompa le peuple en disant : Je suis Smerdis, frère de Cambyse. Alors le peuple tout entier fit défection à Cambyse; ils allèrent à lui : la Perse, la Médie et les autres provinces. Il s'empara de la royauté le 9e jour du Ve mois. Ensuite Cambyse mourut d'une mort qui lui vint de lui-même.

« Darius le grand roi dit : Cette royauté que Gomatès le Mage avait enlevée à Cambyse, elle était depuis des temps reculés à nous et à notre race...

« Darius le grand roi dit : Il n'y avait personne, ni Perse, ni Mède, ni personne de notre race, qui eût enlevé la royauté à Gomatès le Mage. Le peuple le craignait beaucoup, parce qu'il avait tué un grand nombre des gens qui avaient auparavant connu Smerdis; car il se disait: «Prenons « garde qu'ils ne s'aperçoivent que je ne suis pas Smerdis, fils de Cyrus. » Personne n'osa rien contre Gomatès le Mage, jusqu'à ce que je vinsse. Alors j'invoquai Ormuzd; Ormuzd me soutint; par la protection d'Ormuzd, le 10e jour du Ier mois, avec des hommes dévoués (?), je tuai Gomatès le Mage et les grands de son parti. Dans la ville de Siktachosis, dans la province de Nisæa, en Médie, c'est là que je le tuai; et je lui enlevai la royauté. Par la protection d'Ormuzd, je devins roi; Ormuzd me donna la royauté. »

Mais, à peine Darius est-il monté sur le trône, que deux révoltes éclatent à la fois dans son vaste empire, l'une en Susiane, où *Athrinès* prend le titre de roi d'Elam, l'autre à Babylone, où un certain *Nidintabel*, se faisant passer pour Nabuchodonosor, fils de Nabonid, usurpe la royauté. La première ne fut pas difficile à réprimer : « Darius le grand roi dit : J'envoyai (une armée) en Elam. Cet Athrinès fut amené prisonnier (?); je le tuai. » Mais la seconde fut plus sérieuse et de plus longue durée. Darius marche en personne contre Nidintabel, franchit le Tigre en face de l'armée ennemie qu'il culbute, et s'avance sur Babylone. Peu de jours après, il bat une seconde fois Nidintabel sur l'Euphrate, s'empare de Babylone et met à mort l'usurpateur. Etouffée en Chaldée, la révolte éclate en Elam où *Martias* prend pour peu de temps le titre de roi, puis ne Médie, où, sous le nom de Xatritès, descendant de Cyaxare, *Phraortès* devient roi des Mèdes. Darius envoie successivement contre ce dernier ses généraux Hydarnès, Dadarsès et Omisès qui lui livrent six batailles rangées en Médie et en Arménie, sans pouvoir le soumettre. Le monarque est obligé de quitter Babylone, où il demeurait alors, et de marcher en personne contre Phraortès. Il le bat, le fait prisonnier, lui coupe le nez, la langue et les oreilles, l'expose à la porte de son palais et le fait mettre en croix dans la ville d'Ecbatane. La rigueur de la vengeance est la meilleure preuve de la gravité de la lutte. Le « roi des rois » ne pardonnait pas à un aventurier d'avoir tenu si longtemps sa puissance en échec. *Tritantæchmès* qui prit la place de Phraortès n'eut pas un meilleur sort : « Je lui coupai le nez et les oreilles ; je l'exposai à ma porte, enchaîné ; tout le peuple le vit. Ensuite dans la ville d'Arbelles, je fis mettre en croix les morts et les vivants. » Darius et son père Hystaspe soumettent ensuite la Parthie et l'Hyrcanie qui s'étaient déclarées pour Phraortès. Son général Dadarsès, qui était satrape en Bactriane, ramène à l'obéissance la Margiane dont *Phradès* avait usurpé la royauté. — Mais Gomatès le Mage ne fut pas le seul à se donner pour Smerdis, fils de Cyrus. *Œosdatès* usa du même artifice et s'établit roi en Perse. Darius le battit en deux rencontres, le fit mettre en croix avec tous ses principaux adhérents, et pacifia la province d'Arachosie que l'usurpateur avait voulu entraîner dans sa révolte. — Pendant qu'il était en Perse et en Médie, les Babyloniens, profitant de son absence, se révoltent pour la seconde fois sous la conduite d'un Arménien nommé *Arakh*, qui prétendait, comme Nidintabel, être Nabuchodonosor, fils de Nabonid. Darius envoie son général Intaphrès, qui bat les rebelles et fait rentrer Babylone dans le devoir. « Alors, ajoute-t-il, je rendis un décret ainsi conçu : «Qu'Arakh et les grands qui étaient avec lui soient mis en croix « à Babylone. » Et je les fis mettre en croix.

« Darius le grand roi dit : ... Parce que ces provinces s'étaient révoltées, je livrai dix-neuf batailles..., et je pris leurs neuf rois.

. . . .

« Darius le grand roi dit : Par la protection d'Ormuzd, j'ai accompli bien d'autres exploits qui ne sont pas consignés dans cette inscription...»
— « Les rois qui sont venus avant moi n'ont pas accompli des œuvres telles que les miennes, parce que j'ai toujours tout accompli par la protection d'Ormuzd. »

Darius conjure ensuite tous ceux qui verront ces inscriptions de ne pas les effacer ; il implore la bénédiction d'Ormuzd sur ceux qui les protégeront et en répandront le contenu parmi le peuple, et sa malédiction sur ceux qui les mutileraient, jusqu'à la dernière génération. Il recommande à ses successeurs de punir sévèrement les hommes injustes et les traîtres, mais de soutenir et de favoriser les hommes de la valeur de ceux qui l'aidèrent à tuer Gomatès le Mage, et dont il donne une liste à peu près identique à celle d'Hérodote.

Dans une inscription supplémentaire, conçue uniquement en langue perse, il racontait ses expéditions contre les Susiens et les Saces; mais elle est tellement mutilée qu'on ne peut en lire que quelques lambeaux de phrase et quelques mots sans suite. Elle devait contenir le récit de la révolte et de la soumission, du dernier des personnages enchaînés, représentés sur le bas-relief; il a la taille plus grande que les autres; il porte un bonnet pointu, et n'est désigné que par ces mots méprisants : « Celui-ci, c'est Saroukha le Scythe. »

Ce précieux document confirme et complète le récit d'Hérodote. Il éclaire d'une vive lumière le règne de Darius; il nous révèle les divisions profondes, les antipathies de race, les haines et les ambitions qui minaient cet immense empire composé d'éléments trop hétérogènes pour pouvoir subsister longtemps, et dont l'énormité même faisait la plus grande faiblesse. On s'explique alors l'impuissance de ces armées innombrables à subjuguer une poignée de Grecs, la victorieuse retraite des Dix mille et l'écroulement prodigieux de la domination des Achéménides sous les coups d'Alexandre. Les trois races japhétique, sémitique et touranienne, qui peuplaient ce vaste empire, ne voulaient ni ne pouvaient se confondre; et pour les maintenir ainsi juxtaposées, il fallait la main de fer d'un Darius ou d'un Cyrus.

La plus considérable des inscriptions perses, après celle de Bisitoun, est celle de Naksh-i-Roustam. C'est en quelque sorte l'épitaphe de Darius; elle fut gravée sur son tombeau, et contient la liste de toutes les provinces soumises à ce monarque. Les inscriptions de Xerxès à Persépolis et à Vân, en Arménie, sont sans importance historique. Celle d'Artaxerxès II Mnémon, à Suse, n'est remarquable que parce qu'elle donne les noms des prédécesseurs de ce prince jusqu'à Darius, et ceux des divinités Anaïtis et Mithra. On possède enfin un bas-relief sur lequel est gravée l'image de Cyrus, avec cette courte légende : « Je suis Cyrus, roi Achéménide. »

Toutes les inscriptions cunéiformes de la première espèce sont maintenant déchiffrées avec une suffisante certitude, et l'ancien perse est assez connu pour que le savant et vénérable Bopp, qu'on pourrait nommer le patriarche de la philologie, l'ait admis dans la nouvelle édition de sa *Grammaire comparée des langues indo-européennes*, dernièrement traduite en français par M. Michel Bréal. Ce n'est pas le lieu d'envisager cette langue au point de vue philologique, ni de montrer la place qu'elle occupe dans le développement de la famille linguistique à laquelle elle appartient. Je me bornerai à signaler son importance pour les études bibliques.

On sait qu'après la prise de Babylone par Cyrus, les Juifs obtinrent la permission de rentrer dans leur patrie. Mais ils ne recouvrèrent pas pour cela leur indépendance : ils demeurèrent sujets des rois de Perse jusqu'à l'époque d'Alexandre ; Zorobabel, Néhémie et ceux qui leur succédèrent dans le gouvernement de la Judée, n'étaient que les représentants du grand roi. Dans ces conditions, les idées et la langue perses exercèrent naturellement une profonde influence sur le peuple juif. Les livres hébreux qui datent de cette époque, Esdras, Néhémie, Esther, présentent un certain nombre de mots manifestement étrangers aux dialectes sémitiques et dont on ne peut méconnaître l'origine iranienne. On avait essayé jusqu'à maintenant de les expliquer par la comparaison du persan, du zend et du sanscrit ; mais aujourd'hui que la langue dont se servaient les Perses contemporains d'Esdras et de Néhémie nous est en partie connue, on peut naturellement se rendre un compte beaucoup plus exact de ces expressions.

Les inscriptions achéménides jettent une grande lumière sur la littérature hébraïque postérieure à l'exil, et particulièrement sur le livre d'Esther. C'est la forme originale du nom de Xerxès qui a prouvé définitivement qu'Assuérus était identique à ce monarque et non pas à Darius, comme l'admettaient Racine et la plupart des commentateurs de l'Ecriture sainte.

On comprend donc l'importance de ces études pour la théologie historique ; et l'on est heureux d'entendre un juge aussi compétent que M. Oppert rendre ce témoignage au livre d'Esther : « L'exactitude avec laquelle sont rendus les noms perses, comme la fidélité avec laquelle sont dépeintes les mœurs des anciens habitants de l'Iran, réfute victorieusement l'opinion de certains critiques théologiens qui n'y voyaient qu'un livre issu d'une période de beaucoup postérieure. »

II

La première espèce des inscriptions trilingues est donc conçue dans la langue des anciens Perses. Dans quelles langues sont conçues les deux autres ? Une simple observation peut nous le faire pressentir. Aujourd'hui, pour qu'un décret du shah de Perse soit compris dans toute l'Asie occidentale, il faut qu'il soit écrit en persan, en turc et en arabe. Ces trois langues représentent trois races qui, depuis les temps les plus reculés, ont toujours vécu côte à côte, sans jamais se confondre, dans ces vastes régions. Les Persans descendent naturellement des Perses et sont d'origine âryenne. Les Turcs descendent probablement des Scythes, et se rattachent en tout cas, comme eux, à la famille touranienne. Enfin les nombreuses populations qui, des bords du Tigre aux rives de la Méditerranée, parlent des dialectes arabes, sont les débris des antiques nations sémitiques, en particulier des Assyriens. Eh bien, de même que le shah de Perse est obligé parfois de faire traduire ses décrets en turc et en arabe, de même ses prédécesseurs, les rois achéménides, faisaient aussi traduire les leurs en scythique et en assyrien. La deuxième espèce des inscriptions cunéiformes était donc destinée aux populations d'origine touranienne qui habitaient le nord de leur empire, et la troisième aux Assyriens qui en occupaient le sud et le centre.

Nous laissons de côté les inscriptions scythiques qui sont encore très-obscures, et nous passons immédiatement aux inscriptions assyriennes.

En abordant les inscriptions de la troisième espèce, nous arrivons à la partie centrale, au cœur même de notre sujet. Elles sont bien supérieures pour le nombre et l'importance à celles qui nous ont occupé jusqu'ici ; elles ont déjà fourni des renseignements du plus haut intérêt sur l'histoire si obscure de Babylone et de Ninive, et même (ce qui est plus important pour nous) sur celle des royaumes d'Israël et de Juda.

Il a fallu longtemps pour se convaincre que la troisième espèce des inscriptions de Persépolis était conçue dans la langue des Assyriens. Il était pourtant assez naturel de le supposer lorsque, au commencement de ce siècle, sir Hartford Jones rapporta de Babylone une inscription que la Compagnie des Indes livra à la publicité, et dont les caractères se rapprochaient beaucoup du troisième système. Cette probabilité se confirma davantage encore, quand, un peu plus tard, Bellino rapporta des mêmes contrées un cylindre en terre cuite, couvert d'une petite écriture serrée dont la ressemblance avec l'inscription de la Compagnie des Indes n'était pas méconnaissable. Mais elle ne se changea en certitude que lorsque les fouilles heureuses de M. Botta eurent ramené au jour les débris des palais de Khorsabad.

C'était en 1842. Le gouvernement français venait de créer un consulat à Mossoul, ville importante située sur le Tigre, et de nommer à ce poste M. Botta, déjà avantageusement connu par ses travaux archéologiques, avec la mission spéciale de rechercher l'emplacement de Ninive, dont un village a perpétué le nom dans ces contrées jusqu'à nos jours. A l'orient de Mossoul, sur la rive gauche du fleuve, s'étend une plaine morne où nul pan de mur, nul tronçon de colonne ne révèle au voyageur qu'il foule le sol d'une grande cité détruite. Seulement les mouvements réguliers du terrain font soupçonner à l'archéologue attentif l'existence souterraine d'une vaste enceinte et de remparts démolis. Deux tumulus rompent un peu l'uniformité de la plaine; l'un au nord, c'est celui de Koyoundjik; l'autre, au sud, porte le nom de *Nebbi-Younès*, en mémoire du *prophète Jonas*. M. Botta s'attaqua d'abord au premier; mais les découvertes ne répondirent pas à ses espérances. Heureusement, un teinturier de Khorsabad vint à passer, et ayant appris que l'on cherchait les vieilles briques enfouies dans le sol, il assura aux ouvriers qu'on en trouverait en bien plus grand nombre dans son village; elles n'y étaient, en effet, pas rares, puisqu'il s'en était même servi pour la construction de son fourneau. Les fouilles furent donc abandonnées à Koyoundjik et reprises avec ardeur à Khorsabad, à quelques lieues au nord de Mossoul. Dès les premiers coups de pioche, il fut évident qu'on travaillait sur les ruines d'un palais détruit par un violent incendie; on vit apparaître successivement les murs, des sculptures, des inscriptions, des bas-reliefs; ainsi furent déblayées plusieurs salles, sur les parois desquelles on pouvait lire, dans une longue série de tableaux, le siége, l'assaut, la prise d'une ville crénelée et le triste sort réservé aux captifs. L'entrée du palais était ornée de gigantesques figures d'animaux étranges, au corps de taureau, à tête humaine, et aux ailes d'aigle, analogues à ceux de Persépolis, et qu'on peut voir aujourd'hui au musée du Louvre, ainsi que les autres figures et bas-reliefs qui ont résisté à l'action de l'air.

On sait aujourd'hui par le déchiffrement des inscriptions que les monuments de Khorsabad sont l'œuvre du roi Sargon, qui ne nous était connu jusqu'ici que par un seul passage d'Esaïe (1), et qui, d'après les nouvelles découvertes, enleva le trône à Salmanasar, fut le véritable vainqueur de Samarie et le père de Sennachérib.

_____
(1) Esaïe XX, 1.

Pour terminer ici le récit des fouilles de Khorsabad, nous ajouterons immédiatement qu'elles furent reprises plus tard par un négociant de Bagdad, nommé M. Hector, plus tard encore par sir Henry Rawlinson, et que le Musée britannique s'est enrichi de leurs découvertes. Enfin, en dernier lieu, notre compatriote, M. Place, en a rapporté diverses antiquités, parmi lesquelles on remarque quelques plaques d'or, d'argent, de cuivre, de plomb et d'antimoine, qui ne sont autre chose que les tables votives de la fondation de Khorsabad.

Après la magnifique découverte de M. Botta, il était évident que les monticules qui s'élèvent près de Mossoul sur la rive gauche du Tigre, recouvraient les ruines de palais assyriens. L'heureux succès de notre éminent archéologue détermina M. Layard à entreprendre des recherches analogues pour le gouvernement anglais. Des fonds lui furent généreusement accordés par sir Stratford Canning, et, en 1845, il commençait l'exploration de la colline de Nimroud, à six ou huit lieues de Mossoul en descendant le Tigre. Ces fouilles furent aussi couronnées d'un plein succès : on vit peu à peu surgir du sol un nouveau palais dont l'architecture, les sculptures et les inscriptions offraient la plus grande ressemblance avec celles de Khorsabad; des bas-reliefs tapissaient l'intérieur des salles ; des taureaux ailés à tête humaine ornaient les portiques. Là aussi, les tableaux gravés sur les murs représentaient des batailles, des siéges, des assauts, des forteresses démantelées, des prisonniers de guerre emmenés en exil. Mais l'un des résultats les plus précieux des fouilles de Nimroud fut la découverte d'un obélisque haut de plus de deux mètres, en parfait état de conservation, orné de bas-reliefs et portant une longue inscription sur laquelle on a lu depuis longtemps le nom du roi Salmanasar (III) (1).

Encouragé par ses succès, M. Layard entreprit des recherches sur l'emplacement même de Ninive, et attaqua de nouveau le monticule de Koyoundjik abandonné par M. Botta. L'opération fut laborieuse ; mais il réussit enfin à rendre à la lumière un monument considérable qu'on peut aujourd'hui attribuer avec certitude au règne de Sennachérib. Du reste, toujours des bas-reliefs et des inscriptions ; toujours des armées en marche, des batailles et des captifs; toujours, au milieu des guerriers, le grand roi d'Assyrie, reconnaissable à sa haute taille, à ses vêtements somptueux et à sa couronne en forme de pyramide tronquée. On connaissait déjà, du même prince, un prisme octogone, découvert près de Mossoul en 1830, et qui se trouve aujourd'hui au *British Museum*. Dans une seconde exploration du monticule de Koyoundjik, M. Layard retrouva les débris d'un vaste édifice qui doit avoir été construit par Sardanapale VI (vers l'an 650).

_____

(1) Ce Salmanasar vivait vers l'an 900, longtemps avant celui dont il est question dans la Bible, et qui mit le siége devant Samarie en 724. Ce dernier est désigné maintenant sous le nom de Salmanasar V, quelquefois Salmanasar VI.

Ainsi, trois points seulement ont été explorés sur les rives du Tigre, et ils ont fourni assez de débris pour en remplir plusieurs musées. Mais qui pourrait dire les richesses archéologiques que ce sol antique récèle encore dans ses profondeurs, et les révélations historiques qu'il réserve aux investigateurs à venir ?

III

Cependant Ninive ne pouvait pas absorber les efforts de la science ; Babylone devait avoir son tour, Babylone qui fut le siége de l'empire des Chaldéens, non moins vaste et non moins redoutable que celui des Assyriens. On sait que cette ville, dont le nom nous reporte aux plus antiques souvenirs de l'humanité, après avoir été pendant longtemps gouvernée par une dynastie indigène, fut absorbée, quinze cents ans environ avant notre ère, par la puissance envahissante des Assyriens et dut céder la suprématie à Ninive. Quand celle-ci eut succombé sous les coups des Mèdes et des Scythes, vers la fin du septième siècle avant Jésus-Christ, Babylone recouvra son indépendance ; et le second empire de Chaldée, fondé par Nabopolassar, égala bientôt, grâce aux conquêtes de Nabuchodonosor, la splendeur de l'empire d'Assyrie. Mais la période de gloire fut courte, la décadence, rapide. Babylone tomba entre les mains des Perses conduits à la victoire par Cyrus. En vain, sous les successeurs de ce prince, elle tenta plusieurs fois de secouer le joug ; ses révoltes perpétuelles et opiniâtres ne servirent qu'à précipiter sa ruine : Darius et Xerxès la livrèrent au pillage et démolirent ses tours et ses remparts. Aussi, quand la domination des Perses s'écroula sous les coups d'Alexandre, les Babyloniens accueillirent-ils les Grecs comme des libérateurs. Alexandre conçut le projet de faire de Babylone la capitale de son empire et donna l'ordre de restaurer quelques-uns de ses palais, détruits par les Achéménides. Mais une mort prématurée l'enleva au milieu de son triomphe ; et Séleucus, son successeur, bien loin de poursuivre son œuvre, éleva sur les bords du Tigre une nouvelle capitale, Séleucie, et employa à sa construction les débris des édifices de Babylone. Depuis lors, cette cité splendide ne fut guère qu'une vaste carrière en exploitation, d'où l'on tira successivement des matériaux pour bâtir Ctésiphon, Bagdad et plusieurs des villes et des villages des environs. Ainsi se sont accomplies littéralement les menaces d'un prophète :

> J'anéantirai le nom et la trace de Babylone,
> Et je la balayerai avec le balai de la destruction,
>   Dit l'Eternel des armées...
>   De cité tu l'as changée en ruine,
>   De ville forte en décombres (1).

(1) Cp. Esaïe XIII et XIV ; XXIV à XXVII.

Aujourd'hui la seule ville qui s'élève au milieu de cette plaine dé-
serte (elle se nomme Hillah) ne compte pas plus de dix à quinze mille
habitants. Nul monument, nul débris de colonne n'interrompt la triste
uniformité du désert; quelques légères ondulations de terrain et des tas
de briques calcinées par le soleil d'Orient indiquent seuls la place qu'oc-
cupa jadis la plus vaste cité du monde.

C'est à travers ces solitudes sablonneuses, entrecoupées de marécages
malsains, qu'une expédition française, dont M. Oppert faisait partie,
allait en 1852 chercher les derniers vestiges de Babylone. M. Oppert
en a consigné les résultats dans son *Expédition en Mésopotamie*. Quatre
monticules principaux s'élèvent dans l'immense enceinte qui jadis
entourait la ville. C'est d'abord le monticule de *Babil*, qui a perpétué
jusqu'à nous sous sa forme primitive le nom de Babylone. D'après les
uns il occupe l'emplacement de la tour de Bélus dont nous parle Hérodote; d'après M. Oppert, ce serait au contraire le tombeau de Bélus,
monument dont Hérodote ne parle pas, parce qu'il n'existait plus de son
temps, mais qui nous est connu par d'autres historiens grecs. Quoi qu'il
en soit, c'était le temple du Dieu suprême des Babyloniens; là se trouvaient la coupole des oracles, où reposait le dieu, la fameuse chapelle
de Mylitta Zarpanit, la Vénus assyrienne, un temple dédié à Mylitta
Taauth, mère des dieux et déesse de la terre, et un sanctuaire consacré
à Nébo. C'est là encore que reposaient les immenses trésors des rois
chaldéens; c'est là peut-être que Nabuchodonosor fit déposer les vases
sacrés enlevés au temple de Jérusalem.

La deuxième ruine, que l'on rencontre en descendant l'Euphrate, est
désignée par les Arabes sous le nom de *El-Kasr* ou *le Château*. Le grand
palais dont elle offre les restes fut bâti par Nabuchodonosor en quinze
jours, d'après Bérose; le déchiffrement d'une inscription de ce prince a
confirmé l'exactitude du récit de l'historien chaldéen. C'est dans ses murs
que mourut Alexandre. On voit au milieu des décombres un grand bloc
de basalte grossièrement façonné en forme de lion, qui est jusqu'ici le
seul spécimen connu de la sculpture babylonienne.

Un peu plus au sud, est située la colline nommée *Tel-Amran*, où se
trouvent des tombeaux d'une époque comparativement récente, mais
dont le sous-sol est formé en grande partie par des briques marquées
au nom de Nabuchodonosor. M. Oppert croit qu'elle occupe l'emplacement des fameux jardins suspendus; mais ce sentiment n'est pas partagé
par les autres assyriologues. Ces trois monticules sont sur la rive gauche
de l'Euphrate; le quatrième, qui mérite une mention spéciale, est situé
sur la rive droite, et, s'il faut en croire M. Oppert, au lieu même où
s'éleva jadis la tour de Babel. Au sommet se dresse un pilier informe de
dix pieds de haut; des blocs vitrifiés témoignent de la violence de l'incendie qui consuma jadis cet édifice. Une inscription découverte par
M. Rawlinson nous apprend que ce monument était composé de sept tours

superposées, peintes chacune d'une couleur différente, et consacrées aux dieux des sept planètes.

Partout le sol est couvert de briques gravées; il y en a de quatre espèces : les unes ont trois lignes d'écriture ; d'autres, quatre; d'autres, six; d'autres, sept; mais tous les exemplaires d'une catégorie sont absolument semblables entre eux. Ce fait suffirait à prouver que les caractères ont été *imprimés* sur la brique encore molle, quand même on n'aurait pas retrouvé parfois le type qui a servi à les former. Le plus grand nombre de ces briques porte le nom de Nabuchodonosor.

Les ruines de la Mésopotamie inférieure sont peut-être encore plus intéressantes que celles de la Babylonie, et il se pourrait qu'elles réservent à l'avenir bien des surprises; car il paraît avéré que M. Loftus y a découvert les débris de monuments contemporains du premier empire de Chaldée. Les briques gravées qu'il en a rapportées, et dont la plupart portent le nom du roi Hammourabi, nous transportent donc au moins au quinzième siècle avant notre ère, puisque c'est à cette époque que Babylone passa, pour près de mille ans, sous la domination des rois nivivites. Hammourabi, Naramsin et plusieurs autres rois jusqu'ici complétement inconnus, se lèvent, pour ainsi dire, du fond de leur passé et réclament une place dans l'histoire.

IV

Comment est-on parvenu à retrouver la clef de l'écriture des Assyriens et à reconstituer leur langue ? C'est ce qu'il nous reste à expliquer. La difficulté, c'est de le faire clairement sans entrer dans trop de détails et en se bornant aux points capitaux. Essayons-le pourtant.

Le point de départ se trouvait naturellement dans les inscriptions trilingues. Une fois le texte perse bien compris, il était assez facile de diviser le texte assyrien correspondant, en petites portions dont, à l'avance, on savait le sens, bien qu'on ne sût pas en lire une syllabe. Les noms propres surtout sont, en pareil cas, d'un secours merveilleux ; ce sont eux qui devaient fournir, comme pour les hiéroglyphes, les premiers éléments de l'alphabet qu'il s'agissait de reconstituer. On s'aperçut bien vite que tous les noms d'hommes sont, dans le troisième système d'écriture, aussi bien que dans le deuxième, précédés d'un trait vertical, qui fait en quelque sorte l'office de nos lettres majuscules. Cette observation s'est étendue peu à peu, et l'on a reconnu que les noms de dieux, de montagnes, de villes, de provinces, de peuples, etc., sont indiqués pareillement par des signes spéciaux, qui ne sont point destinés à être prononcés, mais simplement à signaler d'avance la qualité du mot qui les suit.

Il semble que, lorsqu'on sait le nom propre que l'on a sous les yeux, il ne devrait pas être très-difficile de le décomposer en ses divers éléments et de retrouver ainsi la valeur de chacune des lettres dont il est formé. Mais ici se présentent deux difficultés principales : d'abord il est à présumer que la forme du nom en assyrien, n'est pas de tout point identique à celle du nom perse. Ensuite, — et c'est ce qui a pendant bien longtemps dérouté les investigateurs, — les mêmes mots sont souvent écrits de plusieurs manières différentes ; parfois deux ou trois groupes divers paraissent répondre à la même articulation. Que fallait-il conclure de ce fait? Il semblait naturel et raisonnable d'en conclure que l'alphabet assyrien possédait plusieurs signes pour exprimer un seul et même son. Les *homophones*, — c'est le nom que l'on donne à ces signes qui ont la même valeur et peuvent permuter entre eux, — les homophones sont très-fréquents dans les hiéroglyphes ; il n'était donc pas téméraire, en apparence, de supposer que les Assyriens eussent usé d'un procédé si familier aux Egyptiens. Mais si le vrai peut quelquefois n'être pas vraisemblable, souvent aussi le vraisemblable n'est pas vrai. On s'aperçut bientôt que la théorie des homophones, admise au début par M. Botta, ne pouvait rendre compte de tous les faits.

Elle était solidaire d'une autre opinion qui n'était ni moins vraisemblable au premier abord, ni moins erronée en réalité. Divers indices tendaient à prouver de plus en plus que l'assyrien était une langue sémitique, parente de l'hébreu et de l'arabe. N'était-il pas rationnel, dès lors, de supposer que, comme toute la famille philologique à laquelle il appartient, sauf l'éthiopien, il n'écrivait que les consonnes et négligeait les voyelles? Cette supposition, non plus que la précédente, n'a pu se plier aux exigences des textes; elles sont aujourd'hui l'une et l'autre également abandonnées. L'écriture assyrienne n'est point alphabétique, mais syllabique; elle ne s'est pas élevée jusqu'à l'abstraction de la consonne; elle a un signe spécial pour chaque syllabe, et non-seulement pour les syllabes simples, comme *ta, si, as, ous*, etc., mais aussi pour les syllabes complexes, comme *mous, man, sir*, etc.; et comme si un pareil système n'était pas assez compliqué, ces dernières ont la faculté de s'écrire, soit avec un seul groupe, soit avec deux : *mou-ous, ma-an, si-ir*. Après cela, nous ne serons pas surpris que M. Botta ait compté sur les monuments de Khorsabad six cent quarante-deux signes différents; ce qui nous étonne plutôt, c'est qu'il n'y en ait pas davantage.

Ce n'est pas tout. Outre les signes syllabiques, destinés à être prononcés, il y a des signes idéographiques, qui ont aussi une valeur syllabique, mais qui, indépendamment de cette valeur, représentent une idée, par exemple, celle de *Dieu*, de *roi*, de *père*, de *fils*, etc., qui s'exprime en assyrien d'une tout autre manière. Nos chiffres arabes et romains peuvent nous aider à comprendre la chose. Le signe 5, je suppose, est pour nous l'équivalent d'une idée que nous exprimons par le mot *cinq;* mais un Anglais le prononcera *five*, un Allemand *fünf*, un Italien *cinque*, et ainsi de suite. Cet *idéogramme* n'a aucune signification syllabique; mais prenons pour exemple les chiffres romains VI, XI, LI; ils ont à la fois une valeur syllabique qui est *vi, xi, li*, et une valeur idéographique qui est *six, onze* et *cinquante et un*. Eh bien, tel est aussi le double caractère des idéogrammes assyriens; et ce qu'il y a de plus fâcheux, c'est qu'ils entrent souvent dans la composition des mots, en sorte qu'il faudra, par exemple, prononcer le premier groupe avec sa valeur idéographique, le second avec sa valeur syllabique, ou l'inverse, sans qu'aucune indication précise vienne guider l'investigateur embarrassé.

Sommes-nous au moins au bout de nos difficultés? Il s'en faut de beaucoup. Nous avons parlé des idéogrammes simples, mais il y en a aussi de composés. Ainsi, deux groupes qui, d'après leur valeur phonétique, devraient se prononcer *an-i*, désignent le ciel et doivent se prononcer *sami;* deux autres, qui se liraient syllabiquement *kiti*, veulent dire la terre, en assyrien *irtsit*. Mais voici un exemple bien plus étonnant encore. M. Hincks avait lu sur les briques de Babylone le nom de Nabuchodonosor (Naboukoudourrioutsour) ; le même nom devait se trouver dans le texte assyrien de Bisitoun, et le monde savant attendait avec impatience que M. Rawlinson voulût bien livrer au public ce précieux document, que depuis longtemps on lui réclamait en vain de toutes parts. Mais quel ne fut pas l'étonnement des assyriologues, quand le colonel anglais se fut enfin décidé à lâcher sa proie, et qu'à l'endroit même que devait occuper le nom de Nabuchodonosor, ils lurent : *Anpasadousis !*... et c'était pourtant bien la traduction du perse *Naboukoudratchara !* Aussi, sir Rawlinson n'hésita pas à formuler le principe des idéogrammes complexes, que nous venons d'exposer ; et les découvertes ultérieures l'ont pleinement confirmé. Nous touchons ici à la partie la plus délicate du déchiffrement. Il est souvent impossible de se rendre compte de ces idéogrammes complexes ; mais il en est dont le sens ne saurait être douteux, et ceux-là nous sont de sûrs garants que ceux que nous ne comprenons pas encore doivent s'expliquer d'une manière analogue. Personne ne sera surpris que la réunion des deux monogrammes de *dieu* et de *jour* signifie le soleil, le *dieu du jour*, comme le nomment encore nos poëtes. De même, le premier de ces monogrammes suivi de celui de l'*onction* ou du *sceptre* désigne le dieu qui préside à l'onction, au sacre des rois, ou qui leur confère le sceptre, c'est-à-dire Nébo.

Non-seulement le même signe peut avoir deux valeurs, l'une syllabique, l'autre idéographique ; mais il a souvent plusieurs valeurs syllabiques. Ainsi un seul et même groupe se prononce *man* ou *nis*, suivant les cas ; un autre, *mous* ou *tsir ;* un troisième, *mat, lat, sat* ou *kour*, et ainsi du reste, sans compter qu'il peut avoir en sus une ou plusieurs valeurs idéographiques. C'est ce qu'on nomme le principe de la *polyphonie*. Un pareil phénomène augmente presque à l'infini les difficultés du déchiffrement ; et il n'est pas étonnant qu'il ait pendant longtemps jeté un certain discrédit sur les études assyriennes. Les assyriologues eux-mêmes ne l'ont accepté que vaincus par l'évidence. Mais d'un côté il ressortait nécessairement des faits révélés par les inscriptions ; de l'autre il est confirmé par des documents remarquables connus sous le nom de syllabaires de Sardanapale VI ; ces syllabaires, gravés sur brique, présentent en face d'un seul groupe plusieurs syllabes différentes qui en sont les équivalents. Etaient-ils destinés à rendre au peuple la lecture des inscriptions plus facile? Nous l'ignorons ; mais ce n'est pas improbable, car les caractères cunéiformes sont trop compliqués pour avoir été d'un usage journalier et servi aux transactions ordinaires de la vie. Quoi qu'il en soit, les syllabaires de Sardanapale fournissent une preuve sans réplique de la réalité des polyphones assyriens.

Ce phénomène, tout étrange qu'il est, s'explique d'ailleurs d'une manière assez simple. Il est évident que le deuxième et le troisième système d'écriture ont la même origine et que l'un dérive de l'autre : les procédés sont les mêmes ; un grand nombre de signes sont identiques ou n'offrent entre eux que des différences secondaires. De plus, il est probable que le système le moins compliqué a précédé celui qui l'est davantage ; or on n'a constaté jusqu'ici que quatre-vingt-deux caractères différents dans le deuxième, tandis que le dernier en compte plus de quatre cents ; les Mèdes ou les Scythes, ou, pour mieux dire, une peuplade quelconque d'origine touranienne est donc l'inventeur de ce bizarre alphabet. D'autre part, il est dans la nature des choses, et l'expérience prouve, qu'un alphabet a toujours une origine hiéroglyphique ; les lettres mêmes dont nous nous servons, qui nous viennent des Phéniciens, comme chacun sait, ne font pas exception à la règle : pour faire un A, on peignait primitivement l'image d'une tête de bœuf, et on lui donnait cette valeur parce qu'en phénicien le nom du bœuf était *Aleph* ; le B dérive de la figure d'une maison, que les peuples sémitiques appelaient *Bait*, et ainsi des autres lettres. De même l'inventeur inconnu des caractères cunéiformes donna au monogramme qui représentait Dieu la valeur de *an*, parce que dans sa langue *Dieu* se disait *Annap* ; l'idéogramme de père devint la syllabe *at*, parce que *père* se disait *ata*, etc. Tant que cet alphabet ne servit qu'à écrire la langue de l'inventeur, chaque signe ne pouvait guère avoir que deux valeurs, l'une, idéographique (c'était celle du hiéroglyphe primitif), et l'autre, phonétique, empruntée à la première syllabe du nom de l'objet peint par l'hiéroglyphe. Mais il dut nécessairement se modifier et se compliquer en s'adaptant à une langue étrangère. Prenons, par exemple, le signe qui veut dire *tête* ; outre cette valeur idéographique, il a dans le second système la valeur phonétique *sak*, parce que *tête* se disait *sak* en médoscythique. Mais en assyrien *tête* se disait *ris* ; il conserve donc sa valeur première et en prend une nouvelle, celle de *ris*. Ce cas est très-simple ; mais en voici un plus compliqué, que je donne d'ailleurs sous toutes réserves, d'après M. Oppert. En scythique, *kourpi* signifie une main ouverte ; l'image d'une main ouverte correspondra donc d'abord à la syllabe *kour*. Puis elle prendra une ou plusieurs significations métaphoriques, comme *prendre, étendre, posséder,* qui donneront les nouvelles valeurs syllabiques *mit* et *mat*. Ces diverses valeurs syllabiques se transformeront à leur tour en valeurs idéographiques, et, comme *kour* veut dire à la fois montagne et lever du soleil, comme *mat* signifie terre, et *mit*, aller, le même signe deviendra le monogramme de ces différents mots. Les Assyriens adopteront toutes ces acceptions diverses ; seulement, comme chacune de ces idées se rend dans leur langue par un terme différent du terme scythique, il en résultera peut-être autant de nouvelles valeurs phonétiques. Ce n'est pas tout : *kour* qui, en scythique, veut dire montagne et lever du soleil, en assyrien signifie fournaise ; *mat* qui, en scythique veut dire terre, en assyrien signifie mourir ; le même signe prendra donc encore les deux valeurs idéographiques de *mourir* et de *fournaise*. Quelle confusion! comment se reconnaître au milieu de cette multitude de sens et de prononciations? et comment s'étonner des nombreuses divergences que présentent entre elles les interprétations des assyriologues les plus compétents? L'arbitraire n'est pourtant pas aussi grand qu'on pourrait le supposer : il y a des règles et des indications qui d'ordinaire ne laissent guère le choix qu'entre deux ou trois valeurs différentes. C'en est encore assez sans doute pour nous créer des difficultés parfois insurmontables. Mais ce n'était probablement pas trop pour les Assyriens qui connaissaient bien leur langue; guidés par le sens des phrases, ils n'hésitaient peut-être pas plus dans leur lecture, que nous n'hésitons nous-mêmes sur la prononciation et le sens de deux homonymes. — M. Oppert a découvert, à cet égard, un principe précieux pour déterminer dans beaucoup de cas la signification spéciale d'un idéogramme, quand il en a plusieurs; il a observé qu'il était souvent suivi de la dernière syllabe du mot qu'il devait désigner ; c'est ce qu'il a nommé le complément phonétique. Un exemple va rendre la chose claire : le même monogramme s'emploie indifféremment pour exprimer le jour, le soleil et le soleil levant; mais quand il veut dire jour, il est généralement accompagné de la syllabe *oum*, pour indiquer qu'il doit se lire *youm;* quand il veut dire soleil, il est suivi de la syllabe *si,* pour marquer qu'il faut le prononcer *samsi;* et quand c'est le soleil levant, il est suivi de la syllabe *dou*, parce qu'il doit alors se prononcer *sadou.*

Malgré cela, il est incontestable que la lecture des inscriptions assyriennes est hérissée de difficultés. Cela donne beau jeu aux sceptiques et aux esprits superficiels qui ne voient dans les plus consciencieuses recherches des savants que des prétextes à railleries. N'a-t-on pas vu un orientaliste célèbre, un membre de l'Institut, s'inscrire en faux contre les découvertes les plus certaines des assyriologues, et nier que les inscriptions de Ninive et de Babylone soient conçues dans une langue sémitique, sous le frivole prétexte que quelques prépositions ne se retrouvent point dans les autres idiomes appartenant à cette famille? Le célèbre auteur de l'*Histoire des langues sémitiques* commet en cela une pétition de principe par trop flagrante ; car, d'une part, il se refuse à admettre la vérité du déchiffrement, et, de l'autre, il raisonne sur les résultats de ce même déchiffrement comme s'ils étaient certains. Mais de deux choses l'une : ou le déchiffrement est complétement dépourvu de base, et alors on ne peut rien en conclure ni pour ni contre le caractère sémitique de la langue des Assyriens; ou il est vrai dans les mots sur lesquels M. Renan fonde son raisonnement, et alors comment ne le serait-il pas aussi dans ceux, en bien plus grand nombre, qui le renversent et le détruisent? Disons-le nettement, cet argument est sans valeur; chaque idiome a ses particularités qui le distinguent de ceux de la même famille ; et l'on établit sa parenté avec eux, non d'après ces différences, mais d'après les ressemblances.

Au reste, le motif de l'antipathie de M. Renan pour les inscriptions assyriennes n'est pas douteux. Il a été choqué de voir sa théorie favorite du monothéisme naturel et instinctif des peuples sémitiques s'écrouler devant les faits qu'elles nous révèlent. Il ne se peut pas, pense-t-il, que les adorateurs de Bélus, de Mylitta, de Nébo, de Nisrok et de tant d'autres dieux qui peuplent le panthéon assyrien, soient les frères de ces Hébreux et de ces Arabes, chez qui, d'après lui, la notion d'un Dieu unique était innée. Mais la théorie aventureuse qu'il a résumée en ces mots : « Le désert est monothéiste, » n'avait pas besoin, pour être réfutée, des armes que le déchiffrement des inscriptions cunéiformes vient de fournir contre elle. On sait que les Arabes étaient primitivement polythéistes, que les Tyriens, les Philistins, les Moabites, les Ammonites, toutes les peuplades au milieu desquelles vivait le peuple d'Israël, l'étaient aussi, et que, sous leur influence, les Hébreux eux-mêmes se laissèrent trop souvent aller à sacrifier aux idoles. Quoi qu'il en soit, ce système hasardeux n'a rien à voir dans les patientes et laborieuses investigations des assyriologues ; si elles lui donnent, en passant, le coup de mort, ce n'est vraiment pas leur faute.

En contestant la légitimité des résultats obtenus, M. Renan n'était guère que l'écho du sentiment public, et même d'un certain cercle scientifique. Et cependant, deux ans avant que ses critiques ne se produisissent, en 1857, avait eu lieu une expérience solennelle qui aurait dû faire disparaître tous les doutes. La Société asiatique de Londres avait mis au concours la traduction de la longue inscription qui recouvre les prismes de Tiglath-Piléser (1). Quatre assyriologues éminents prirent part à cette lutte pacifique : M. Fox-Talbot, sir Henry Rawlinson, M. Oppert et le Dr Hincks. Au bout d'un mois ils eurent terminé leurs travaux, et la commission put s'assurer que, s'il y avait des lacunes et des divergences, il y avait généralement accord sur les faits importants. La société fit imprimer en regard les quatre traductions et les livra au public. L'épreuve était décisive, et de nature à convaincre tous les esprits éclairés que le déchiffrement des inscriptions assyriennes reposait sur une solide base, et que s'il régnait encore de grandes incertitudes dans les détails, les résultats généraux de ces études ne pouvaient du moins être sérieusement contestés. Depuis cette époque l'interprétation des textes a fait de considérables progrès ; et je doute qu'aucun orientaliste sérieux osât reproduire aujourd'hui les arguments qui, il y a quelques années à peine, paraissaient péremptoires à un grand nombre de bons esprits et tenaient en suspens l'opinion publique.

(1) Ce Tiglath-Piléser ou Théglath-Phalasar vivait vers l'an 1100 avant J.-C., plus de trois siècles avant celui qui nous est connu par l'Écriture comme l'allié d'Achaz et le contemporain du prophète Esaïe.

Au reste, un fait important et qui doit mettre fin à toutes ces objections, a été signalé récemment par sir Henry Rawlinson. Depuis longtemps on possédait des cachets, des pierres gravées, des briques, des poids, des cylindres, découverts en Assyrie et portant des caractères phéniciens, ou des caractères carrés analogues à ceux de nos Bibles hébraïques; mais on n'avait encore trouvé aucun de ces textes phéniciens ou araméens qui fût la traduction d'un texte assyrien. M. Rawlinson a eu la bonne fortune de mettre la main sur divers documents de cette nature, déposés au *British Museum*. Ce sont des tablettes en terre cuite, relatant en caractères cunéiformes un acte de vente dont le texte phénicien correspondant donne un résumé succinct. Ces tablettes sont malheureusement mutilées et incomplètes; mais les parties conservées présentent des noms propres dont l'identification est certaine et qui prouvent que les savants ont bien réellement découvert la vraie lecture des cunéiformes assyriens.

Ce n'est pas à dire assurément que ces études soient parvenues aujourd'hui à un degré de certitude tel, qu'il ne laisse que peu de chances à l'erreur. Les interprétations parfois si divergentes des assyriologues les plus autorisés sont la preuve du contraire. Il n'y a rien en cela que de très-naturel; une science à ses débuts ne marche qu'en tâtonnant; elle doit nécessairement s'égarer plus d'une fois. Seulement, à travers ces erreurs inévitables elle avance, se corrige et se complète elle-même chaque jour. Un grand nombre de textes sont encore très-obscurs. Mais il y a dès maintenant assez de points élucidés pour qu'on ne traite plus ce déchiffrement de chimère et d'utopie. Le temps n'est pas loin où il prendra dans la science, s'il ne l'y a déjà pris, le rang auquel il a droit, et où il ne sera pas plus permis à l'historien, au philologue, au théologien de demeurer étranger à ses résultats qu'à ceux du déchiffrement des hiéroglyphes égyptiens.

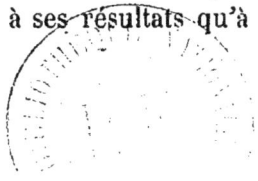

6208. — Paris. Typ. de Ch. Meyrucis, rue Cujas, 13 — 1873.